Adlineri Saile Nogueira Mariano Remígio
Fernanda Nascimento Grangeão
Joelma de Gusmão Lima
Julia Maria de Oliveira Campos

OS DIREITOS HUMANOS E OS EFEITOS DA PENA DE PRISÃO SOBRE A FAMÍLIA

Recife

2022

Copyright © 2022 by Adlineri Saile Nogueira Mariano Remígio

Diagramação: Jacilene Maria Silva
Capa: Jacilene Maria Silva
E-mail: jacilenes@yahoo.com.br

R386d Remígio, Adlineri Saile Nogueira Mariano

Os Direitos Humanos e os Efeitos da Pena de Prisão Sobre a Família / Adlineri Saile Nogueira Mariano Remígio, Fernanda Nascimento Grangeão, Joelma de Gusmão Lima, Julia Maria de Oliveira Campos . – Recife: Independently published, 2022. 33 p.

ISBN: 9798370256028

1. Ciências Sociais.

2. CDD 300

Sumário

INTRODUÇÃO 4

OS MODELOS DE FAMÍLIA E OS DIREITOS HUMANOS 6

A PENA DE PRISÃO E A FAMÍLIA DO APENADO 9

OS REFLEXOS DA PRISÃO SOBRE A FAMÍLIA 15

A EFETIVIDADE DA VISITA E DO ACOMPANHAMENTO FAMILIAR NO PROCESSO SOCIO EDUCATIVO 20

CONSIDERAÇÕES FINAIS 25

REFERÊNCIAS 28

SOBRE AS AUTORAS 30

INTRODUÇÃO

Constante da Constituição de 1988, em seu artigo 1º, inciso III, o Princípio da Dignidade da Pessoa Humana é substrato essencial dos direitos fundamentais. Este princípio leva à compreensão da mudança interna da família, declarando a igualdade de seus membros. Com isto, passamos a rever a formação hierárquica da família tradicional do passado, onde o homem exerce o papel de "chefe da família", a quem cabia todas as decisões, inclusive de cunho pessoal, sobre a mulher e os filhos, impondo a estes, uma verdadeira submissão.

O § 6º, do art. 227, da CF/88, não permite mais qualquer forma discriminatória entre os membros da unidade familiar, além dos filhos e da esposa deixarem de ser "propriedades" do homem, por eles a tudo se sujeitando, em face do pátrio poder que admitia até o castigo, desde que moderado.

Atualmente, esta mesma família migra de uma estrutura fechada para uma comunidade de afeto, se tornando uma instituição a serviço da formação e bem-estar da pessoa e não o contrário. Daí o direito de personalidade e de pertencimento, onde o indivíduo se ver realmente inserido, evitando assim, adjetivações e exclusões.

Ao falar dos novos modelos familiares que vem sendo reconhecidos ao longo dos anos e nas mais diversas culturas, faz-se imperioso pensar e incluir entre estas, as famílias dos encarcerados, pessoas privadas de liberdade por terem cometido algum delito. Daí a breve explanação sobre a função social e importância da família sobre o indivíduo.

Sabe-se que a pena de prisão tem uma longa e complexa história, estando assim, como o direito a ter família, diretamente ligada ao Princípio da Dignidade da Pessoa Humana, entre outros. Nosso ordenamento jurídico pátrio, não permite que a pena ultrapasse a pessoa do condenado, de modo que ninguém, além do condenado, podem cumprir ou pagar pelo crime cometido.

Assim, buscaremos tratar desse tema fazendo um paralelo entre o direito de pertencimento, especialmente dos encarcerados que veem em suas famílias um motivo para se reestruturar e, ao mesmo tempo, veem os seus entes se submeterem aos mais diversos meios de sofrimento para conseguirem manter o vínculo familiar e afetivo que os une, mesmo diante do encarceramento.

OS MODELOS DE FAMÍLIA E OS DIREITOS HUMANOS

A família brasileira, assim como de outros países, teve primordialmente, um modelo tradicional patriarcal, onde o pai era o chefe, provedor e mantenedor da família. O seu papel ia muito além de administrar, mas, sobretudo era comandar e determinar o destino de todos os seus membros. Entre suas atribuições estava o de determinar os matrimônios de seus descendentes, escolhendo cônjuges dos seus filhos e filhas com objetivos de criar alianças políticas e especialmente econômicas, pois essa era uma das características principais do antigo modelo tradicional, onde a esposa e os filhos estavam diante do seu domínio e a ele deviam toda a obediência.

No início do século XX, o Brasil havia herdado traços do Direito de família português que por herança, também era baseado no modelo do direito de família romano. Com a revolução inglesa e francesa, o desenvolvimento científico e econômico entre outros eventos, abriram-se espaços para mudanças profundamente ameaçadoras ao modelo tradicional de família, não só no Brasil, mas em muitos países do mundo, onde ela conseguiu alterar alguns pontos do sistema patriarcal, em especial no que tange ao papel social da mulher nos relacionamentos conjugais.

A Mulher passou a exercer atividades profissionais, entrando no mercado de trabalho e se tornando ser produtivo, dentro do processo de desenvolvimento econômico, adquirindo direito ao voto, escolher seus maridos e com a invenção da pílula, passou a optar por ter filhos ou não. A evolução tecnológica deu a ela possibilidades que lhe permitiram exercer novas identidades sociais e a possibilidade de construir suas famílias baseados em laços afetivos, com isso, o amor pôde ser um ingrediente opcional dentro das novas formações familiares.

Com os novos pensamentos políticos do século XX, novos arranjos familiares começaram a se tornar evidentes, uma vez que já existiam, mas não tinham espaço dentro da moral imposta pela própria sociedade, de modo que viviam na marginalidade. Dentre esses novos arranjos, é possível citar as famílias homoafetivas, poli amorosas, monoparentais que hoje, inclusive, já encontram aparato na legislação brasileira, entre outras.

Sendo assim, o direito geral de personalidade não permite influência do Estado na vida afetiva do indivíduo, tampouco na sua opção sexual, devendo ser-lhe assegurado o direito de construir família com pessoa do mesmo ou do sexo oposto; a procriação natural ou assistida; o direito à adoção, ou mesmo o direito de não ter filhos, etc. A proteção da personalidade do indivíduo pressupõe a liberdade para o seu desenvolvimento segundo a mundividência própria, o seu projeto de vida, as suas possibilidades, constituindo um status negativus que se materializa na defesa contra imposições ou proibições violadoras da liberdade geral de ação (VASCONCELOS, 2006, p. 75).

Segundo Rodrigo Pereira (2006), defender a família como unidade social é importante, mas também deve se estar atento ao direito individual de cada indivíduo que a compõe, de modo que, seus componentes também estejam preservados e sua preservação nada mais é do que - o livre acesso à cidadania de cada indivíduo como ser individual, ou seja, o respeito pela dignidade da pessoa humana. Porque se a família é menor unidade social, o indivíduo é a menor unidade dentro da estrutura familiar.

Desta forma, é reivindicada a aceitação dos modelos de família pela sociedade como ela é e como ela tem se apresentado a cada dia. Sendo múltipla, a família tem se transformado mais rápido do que o próprio direito de família. No entanto, os novos tempos abrem espaço para que, essas reivindicações por reconhecimento, sejam feitas e exigidas sempre que necessário.

A PENA DE PRISÃO E A FAMÍLIA DO APENADO

A família é o ambiente primário no qual o indivíduo iniciará seu processo de desenvolvimento e socialização, isto é, onde, pela primeira vez, terá relações interindividuais e pessoais. Exerce, por isso, grande influência na formação psicológica e social de seus membros, justamente pelo fato de constituir o meio primitivo de transferência de valores e condutas (SCHENKER; MINAYO, 2003).

O bispo João Carlos Petrini (2003) pontuou que quanto mais frágeis os vínculos e os cuidados que a rede da solidariedade familiar oferece, tanto menores são as chances de integração social para os seus membros. Percebe-se, assim, o imenso valor da unidade familiar para a vida de um condenado a uma pena a qual restringe sua liberdade, visto ser a família o maior liame que ele possui com a realidade fora do estabelecimento prisional (OLIVEIRA, 2010).

Com o advento de uma sanção penal por parte de um dos seus membros, temos uma perspectiva denunciadora de questões não solucionadas, as quais se mostram ocultas ou disfarçadas no convívio da família. Salienta-se também, por fim, que os fenômenos relativos ao movimento familiar não podem ser tidos como únicos fatores que causam a prática de uma conduta criminalmente punível. Devendo ser consideradas também, as questões sociais, políticas, psicológicas e culturais, que, de modo conjunto com os eventos concernentes à família, contribuirão para a formação de uma atmosfera favorável à consumação do crime.

O princípio da intranscendência da pena é o princípio básico contido na Constituição Federal de 1988, no inciso XLV. Como sugere o próprio nome, esse princípio dispõe que a pena não pode passar da pessoa do condenado. Ou seja, proíbe o Estado de fazer com que pessoas vinculadas ao infrator de uma norma penal venham a ser responsabilizadas penalmente por ser meros parentes desse agente infrator.

No entanto, o Estado, especialmente no que diz repeito ao cumprimento da pena, não corrobora com esse princípio na prática, uma vez que, alegando falta de segurança, superlotação, entre outras, penaliza aqueles que sequer praticaram quaisquer crimes, como pais, esposas e filhos. Nas ausências das obrigações legais por parte do próprio estado, a família acaba sendo punida também.

A Lei de Execuções Penais em seu artigo 1º lei 7210/84, prevê que a execução penal tem como fim a integração social do interno ou preso. De modo que a família se torna o elo necessário para buscar essa reintegração, devendo ser vista de maneira diferenciada, como instrumento de recuperação e superação para os que se encontram privados de liberdade e até, muitas vezes, desacreditados.

É importante ressaltar que, dentro de um Estado Democrático de Direito, o princípio da dignidade da pessoa humana serve como base para a interpretação de toda a máquina penalista. Desse modo, com a evolução do Direito Penal sob o enfoque dos direitos fundamentais, formou-se a ideia do princípio da personalização da pena, a qual fez cair o entendimento passado de que a punição por um delito podia atingir àqueles que faziam parte do convívio do agente, ou seja, seus familiares e a própria comunidade (SHECAIRA; CORRÊA JR, 2002).

A intenção do princípio, portanto, é a de punir apenas a pessoa do condenado, não transcendendo a outros e, consequentemente, não modificando o próprio fim da pena. Apesar de tal princípio ter surgido junto com a teoria clássica da pena, que defendia a punição como justificativa da prevenção de novos crimes e da retribuição da conduta ilícita realizada, tem conformidade com uma ideologia mais crítica e com a representação do direito penal mínimo.

Dessa maneira, o princípio da personalidade da pena é de profunda importância na estruturação do sistema penalista o qual se funda nos valores democráticos. No Texto Constitucional atual, é apresentado destacadamente no artigo 5º, XLV, assim transcrito: Art. 5º: Todos são iguais perante a lei, sem distinção de qualquer natureza, garantindo-se aos brasileiros e aos estrangeiros residentes no País a inviolabilidade do direito à vida, à liberdade, à igualdade, à segurança e à propriedade, nos termos seguintes: (...) XLV - nenhuma pena passará da pessoa do condenado, podendo a obrigação de reparar o dano e a decretação do perdimento de bens ser, nos termos da lei, estendidas aos sucessores e contra eles executadas, até o limite do valor do patrimônio transferido.

Percebe-se então, pela leitura do dispositivo constitucional supramencionado, como dito nas palavras de José Eduardo Goulart (1994), que esse princípio se trata de uma conquista do Direito Penal, atuando como uma de suas verdades mais expressivas, no sentido da dignidade e Justiça.

Porém, o que se ver na realidade é que, a pena atinge diretamente, de maneira maléfica, pessoas que tem algum vínculo com o condenado, mas não têm nenhuma responsabilidade jurídica pelo comportamento criminoso.

Sabe-se que, embora a punição não seja objetivamente aplicada a terceiros, influi de forma extraordinária naqueles que, de alguma forma, estão ligados ao preso. O afastamento do apenado da sociedade por meio do seu encarceramento priva também os outros do convívio com o primeiro e produz efeitos com os quais os terceiros precisam aprender a conviver, haja vista o desprezo da sociedade e do próprio Estado com relação a tais dificuldades.

Desse modo, é fácil inferir que quanto maior a situação de proximidade com o indivíduo condenado, maiores serão os reflexos da punição para os mais próximos deste. Assim, a família daquele o qual a liberdade foi cerceada torna-se o alvo mais certo a sofrer, de maneira imensurável, os resultados danosos, muito embora não tenha praticado nenhum crime.

OS REFLEXOS DA PRISÃO SOBRE A FAMÍLIA

Apesar da instituição família atualmente considerar como ser individual cada um de seus membros, não se pode deixar de perceber que, as atitudes individuais de cada componente afeta de forma direta e objetiva a vida de todo o núcleo familiar. O que pode ser claramente percebido quando um de seus membros comete um delito. A partir daí, efeitos sociais, psicológicos e financeiros recaem, de alguma forma, sobre os membros da família. Embora legalmente não haja uma pena atribuída à todos, a dor, a vergonha, a discriminação social e as despesas, afetam todo grupo familiar.

Os familiares, sejam eles através de vínculos biológicos ou afetivos, ficam sujeitos às regras da instituição a qual seu membro apenado ficará sob custódia. Tendo que se adaptar aos dias de visita, as regras de acesso ao local e o tempo determinado de estadia com seu ente querido, entre outras adaptações das quais eles não têm a possibilidade de opinar, tendo simplesmente que se adaptarem a elas.

Além das adaptações sociais sofridas pela família, ela também é submetida ao julgamento social, pois havendo um apenado na família, todos os outros membros poderão ser comparados a ele, como sendo um indivíduo de igual potencial ao seu ente condenado, assim como aos mais velhos pesa a culpa por não tê-los educado da maneira "correta". Entre a dor e a vergonha, fica o julgamento social e a condenação moral quase inevitável advinda das instituições formais e informais da sociedade.

A saída desse apenado da instituição familiar pode também acarretar perdas financeiras, especialmente se ele é provedor na família. Segundo Cabral e Medeiros (2015), alguns apenados usam seus ganhos com o crime ou parte dela para sustentar a família, de modo que, quanto maior for essa contribuição, mais vulnerável a família ficará sem a participação financeira dele. E este é um fato que pode desestruturar ainda mais o núcleo familiar se não houver intervenção governamental.

Buoro (1998), chama a atenção para a crença social de que, Direitos Humanos seriam considerados "privilégios de presos". Embora a constituição de 1998 deixe claro que todos são iguais perante a lei, percebe-se que existe uma campanha social que pede a negação da condição de igualdade aos apenados. Deste modo, não seriam os presos os únicos a terem seus direitos humanos negados, mas por consequência seus parentes, que perderiam benefícios para sua manutenção.

Essas famílias têm seus direitos sociais questionados, são caladas pelo medo de serem reconhecidos como parentes de presos em meio à sociedade. E de forma direta ou indireta sofrem pela condenação de seu ente familiar. No entanto, as condições políticas, sociais e psicológicas da sociedade em geral influenciam tanto na formação dos apenados e seus familiares, quanto daqueles que ao seu modo estende a pena ao núcleo familiar do apenado. Cabral e Medeiros (2015), falam que apesar do Direito Penal defender a garantia de que a pena se restrinja apenas ao infrator, pode-se perceber pela realidade social que este é um objetivo inalcançado.

Segundo Buoro (1998), a sociedade civil está insatisfeita com o poder público por não resolver seus anseios de controle da criminalidade crescente na sociedade. Diante dessa insatisfação os familiares dos apenados ficam submetidos a ouvir calados os lamentos sociais revoltosos contra os direitos humanos dos presos. A mídia de massa fala dos presos como pessoas a serem classificadas entre o bem e o mal e seus parentes claramente são tidos como personificação do mal.

Existe a cultura da invalidação dos Direitos Humanos no Brasil. Políticos de grande notoriedade questionam não só sua validade, mas também em caso de sua existência a quem seriam oferecidos. E apesar do Brasil ser signatário de vários tratados de Direitos Humanos – como Estado – a sua população não tem amplo conhecimento de seu conteúdo de suas leis. Ao invés disso, são instigados a negarem sua existência na vida daqueles que consideram seres do mal, sem se dá conta que, se eles faltarem para uns, estarão sendo negados a todos.

E no meio da classificação social de cidadãos de bem e do mal, como ficam os parentes? Que papel lhes cabe? Seriam também vítimas? É importante que se analise as questões sociais dessas pessoas. Onde vivem, onde estudam, que oportunidades recebem para se desenvolverem como cidadãos de "bem". O meio social pode não ser determinante, mas é um fator influenciador muito forte. Por essa razão, Cabral e Medeiros (2015), chamam a atenção para se considerarem o aspecto social dessas famílias. Porque se elas estão à margem dos direitos sociais então lhes cabe reparação em vez de punição.

Buoro (1998), também chama a atenção para o fato de que os familiares e amigos entrevistados em geral tinham mais de um conhecido na prisão. E que essas incidências ocorriam com mais de uma geração familiar, onde também seus parentes presos ou eram reincidentes ou respondiam a mais de um tipo de processos. O que mostram que o contexto social dessas pessoas apresenta várias pessoas envolvidas em várias formas de criminalidades. Onde essas pessoas convivem diariamente com essa realidade, correndo o risco de naturalizar e aderirem a elas. Outro ponto a ser considerado é que, se há tantas pessoas envolvidas em crimes em suas comunidades, é porque políticas públicas de inclusão social podem estar ausentes nelas.

Diante de condições sociais tão negadoras de direitos, é de se esperar que as condições psicológicas dessas pessoas fiquem desestruturadas, em especial porque sua vida financeira está aquém de suas necessidades para sobreviver com dignidade. É necessário que a condição social, psicológica e financeira esteja em harmonia, do contrário a sociedade continuará a produzir cidadãos em contraposição as leis, uma vez que quando a dignidade são negadas as leis deixam de fazer sentido.

A EFETIVIDADE DA VISITA E DO ACOMPANHAMENTO FAMILIAR NO PROCESSO SOCIO EDUCATIVO

Apesar do que dispõe os pilares do Estado democrático de direito, onde a pena não deve passar da pessoa do condenado, vemos que a família também é diretamente atingida, sendo submetida ao preconceito social, ficando de certa forma marcada, como se condenada também fosse.

Sendo a pessoa do réu submetido a um procedimento justo e uma vez condenado, não há respaldo para a extensão dos efeitos penais aos familiares do mesmo, o que contraria direitos fundamentais, ferindo assim, a integridade moral do preso e dos seus familiares.

Entre os vários direitos que o preso possui, um deles é o direito de visita dos familiares, segundo o art. 41 da Lei de Execuções Penais que prevê:

> Art. 41. Constituem direitos do preso: [...]
> X – visita do cônjuge, da companheira, de parentes e amigos em dias determinados.

Com as visitas aos reeducandos, os familiares auxiliam no processo de ressocialização. É um importante direito que assegura e garante um mínimo de dignidade aos presos. Porém, o direito de visita não é absoluto, havendo restrições legais.

Qualquer pessoa, depois da devida habilitação para visitar o preso, deve observar as ordens estabelecidas pelas penitenciária, como respeito aos funcionários, aos presos e a outros particulares, bem como cumprir as normas legais, regimentais, administrativas ou qualquer ordem exarada por autoridade competente no âmbito das unidades prisionais. Portanto, os atos de indisciplina e os atos definidos em lei como crime também são passíveis de suspensão, não sendo a visita direito absoluto.

É oportuno salientar que o envolvimento de todos os atores sociais, como o próprio preso, sua família, operadores do direito, técnicos e agentes prisionais, entre outros, é de suma importância para o cumprimento da função social da pena, qual seja, reinserir esse apenado na sociedade. É na família onde, geralmente, se encontra o acolhimento, a escuta e a afetividades necessárias para uma maior credibilidade, por parte do preso, na sua vida pós cárcere.

Portanto, deve-se dizer que nesse processo, a família tem um papel fundamental, fazendo a ponte entre a sociedade e o preso e que influencia diretamente no cumprimento da pena, seja de forma positiva, negativa ou omissa.

Importante considerar a realidade de alguns presídios brasileiros, onde são comuns casos em que a família ao revés de auxiliar o detento em seu processo reabilitador, incita-o ao cometimento de mais delitos tendo, inclusive, outros membros envolvidos no cometimento de crimes. As famílias omissas, também dão ensejo a uma maior vulnerabilidade perante o sistema prisional, aumentando o grau de criminalidade do detento que não tem uma base que o sustente na possibilidade de uma reintegração social

Não é raro vermos nos noticiários, transferências de presos para outros estabelecimentos prisionais, muitas vezes para outros estados da federação, assim como a própria suspensão do direito de visita, alegando uma série de faltas, de responsabilidade do estado, que são comuns nos nossos presídios.

Quando isso ocorre por falta cometida pelo próprio detento, justifica-se por medida de segurança que inclui a proteção da vida deste e dos demais envolvidos nos casos que podem ensejar a transferência. No entanto, muitas vezes a falta de estrutura física e até de manutenção dos presos por parte do próprio estado na unidade prisional, gera transferências determinadas unilateral e aleatoriamente, de detentos que não deram qualquer motivo para serem transferidos.

De modo que, com essas transferências, o direito de visita assegurado legalmente a estes, se torna inviável, tendo em vista a distância e a questão financeira envolvida nesses casos. Vale salientar que alguns são necessariamente transferidos, no entanto, outros são submetidos a transferência sem nenhum critério, de modo que o vínculo familiar, nestes casos, fica comprometido e consequentemente, sofre um grande abalo.

Nos dias de visita familiar, vê-se um verdadeiro flagrante desrespeito ao Princípio Constitucional da Dignidade Humana. São homens, mulheres e crianças em filas gigantescas que, numa espera sem nenhuma estrutura física e organizacional, aguardam o momento de uma revista necessária, porém, de prática degradante, para terem acesso ao preso.

As revistas são necessárias e previstas, inclusive, por medidas de segurança, considerando a prática de alguns familiares, que tentam entrar com objetos ilícitos ou não permitidos na Unidade Prisional, cometendo ou ajudando ao recluso cometer novos delitos. Ocorre que, apesar de serem necessárias, inclusive para a segurança dos próprios familiares, fica visível a falta de estrutura por parte do estado, seja através dos Agentes Penitenciários que realizam essa triagem, seja para os familiares que estão ali apenas com o intuito de visitar seu ente, sendo submetidos as mais diversas formas de humilhação.

CONSIDERAÇÕES FINAIS

As análises expostas no decorrer do presente artigo demonstraram que com a complexidade das sociedades e os avanços sociais alcançados ao longo do tempo, viabilizaram a flexibilização do conceito familiar, bem como facilitaram a aceitação das novas conformidades existentes nesse instituto.

Se torna evidente, a quebra de paradigmas históricos, a exemplo da regularização do matrimônio para casais homossexuais, assim como a concessões de direitos às uniões estáveis, hoje reconhecidas social e juridicamente. Dessa forma, coube ao direito pátrio, adaptar-se às novas diretrizes sociais, além de buscar a manutenção da defesa eficaz da unidade familiar, com todas as suas novas faces.

O direito a ter família e se sentir incluído nesta, mantém um caráter imutável, o da afetividade entre os seus membros, de modo que a importância da instituição família na vida de todos os seres humanos, especialmente, na vida dos que se encontram privados de liberdade por terem cometido algum delito, é de fundamental importância para que o mesmo retorne a sociedade.

A prisão determinada aos que foram julgados e condenados, faz-se imposta a estes, de modo que, somente eles poderão cumprir a sua pena. Porém, apesar dos diplomas legais que reconhecem a família como unidade necessária no acompanhamento da pena de prisão, não saem do papel na busca de fazer valer esses direitos flagrantemente lesados, inclusive, nas filas das unidades prisionais, onde não há qualquer estrutura que acolha aqueles que na maioria dos casos, estão ali sem nunca sequer ter cometido qualquer delito.

No tocante aos Direitos Humanos e Penal, neste artigo, analisados sob o enfoque do texto constitucional, entende-se que a proteção aos direitos fundamentais deve ser extremamente priorizada no caso dos indivíduos condenados à pena privativa de liberdade e estender-se necessariamente a suas famílias.

Não obstante haver a proteção constitucional ao instituto da família, esta é quem extremamente fragilizada pelo afastamento de um de seus membros, se submete a pressões de toda espécie, como psicológicas, sociais e até financeiras.

Exige-se assim, a respeitabilidade ao princípio da personalidade da pena, posto que terceiros não podem, definitivamente, responder pelas infrações praticadas por outrem. Emergem, por conseguinte, o inegável sofrimento das famílias, o qual pode ser comparado em um patamar quase de igualdade às dificuldades enfrentadas pelo próprio preso.

Tal descumprimento legal e desamparo estatal no tocante ao que foi discutido, acaba por fragilizar a dinâmica familiar natural e, desse modo, enfraquecem também a relação dos parentes com a pessoa egressa, dificultando ainda mais o processo de cumprimento de pena e a própria reinserção do detento quando da sua volta ao convívio social

REFERÊNCIAS

BUORO, A. B. (1998). *A cabeça fraca: familiares de preso frente ao dilema da percepçãp dos Direitos Humanos*. Revista USP, (37), 70-81. Disponível em https://doi.org/10.11606/issn.2316-9036.v0i37p70-81

CABRAL, Y. T.; MEDEIROS, B. A. *A família do preso: Efeitos da punição sobre a unidade familiar*. Revista Transgressões, v. 2, n. 1, p. 50-71, 9 fev. 2015.

Constituição federal de 1988 artigos 5º inciso XLV e Art 1º inciso VI.

GOULART, José Eduardo. *Princípios informadores do direito da Execução Penal*. São Paulo: RT, 1994.

Lei de Execuções Penais, Art. 41.

MENEZES, Joiceane Bezerra. *A família na Constituição Federal de 1988 – uma instituição plural e atenta aos direitos de personalidade*. 2008 Disponível em: https://siaiap32.univali.br/seer/index.php/nej/article/view/1232. Acesso em 28/02/2021.

MULLER, Mari. Princípios Constitucionais da Família. Disponível em https://jus.com.br/imprimir/60547/principios-constitucionais-da-familia. Dia 28/02/2021 as 22:19 horas.

OLIVEIRA, Guiomar Veras de. Efeitos Sanção penal e família: diálogos e possibilidades. 2010. 40f. Monografia. XIII Concurso Nacional de Monografias do CNPCP.

PEREIRA, Rodrigo da Cunha. Família, *Direitos Humanos, Psicanálise e inclusão social*. Revista do Ministério Público do RS, N° 58 – P. 195-201 – Porto Alegre, maio-agos/2006.

PEREIRA, Rodrigo da Cunha. *Uma principiologia para o direto de família*. Disponível em https://www.ibdfam.org.br/assets/upload/anais/40.pdf. No dia 07/02/2021 as 17:56 horas.

PETRINI, João Carlos. *Pós-modernidade e Família: Um Itinerário de Compreensão*. Bauru: EDUSC, 2003.

SCHENKER, Miriam; MINAYO, Maria Cecília de Souza. *A implicação da família no uso abusivo de drogas: uma revisão crítica*. Ciênc. saúde coletiva [online]. 2003, vol.8, n.1, p. 299-306.

SHECAIRA, Sérgio Salomão; CORRÊA JR., Alceu. Teoria da pena. São Paulo: Editora Revista dos Tribunais, 2002.

URBASNKI, Rodrigo. *Em defesa do direito de visita dos familiares do preso*. Disponível em https://canalcienciascriminais.jusbrasil.com.br/artigos/

765832499/em-defesa-do-direito-de-visita-dos-familiares-do-preso. Acesso em: 21/04/2021.

SOBRE AS AUTORAS

Adlineri Saile Nogueira Mariano Remígio

Bacharel em Direito – UNICAP

Especialista em Dir. Humanos – UNICAP

Discente do Programa de Mestrado em Direitos Humanos PPGDH/UFPE

Endereço para acessar este CV: http://lattes.cnpq.br/9024455864087781

Fernanda Nascimento Grangeão

Mestranda em Direitos Humanos pela Universidade Federal de Pernambuco – UFPE. Pós Graduada em Direito Processual Civil pela Universidade Católica de Pernambuco (UNICAP – 2005). Pós Graduada em Direito de Família e Sucessões pela Universidade Federal de Pernambuco (UFPE 2018). Pós Graduada em Direito Homoafetivo e de Gênero na Universidade Santa Cecília (UNISANTA 2019) Advogada com atuação na área de Direito Privado, com ênfase na área Cível – Direito de Família e Sucessões. Membro da Comissão de Diversidade Sexual e de Gênero da OAB/PE. Membro da Comissão de Direitos Humanos da OAB/PE. Conselheira e Vice-Presidente da Comissão de Diversidade Sexual e de Gênero da Subseção de Jaboatão dos Guararapes.

Endereço para acessar este CV: http://lattes.cnpq.br/3323019674479424

Joelma de Gusmão Lima

Graduada em Ciências sociais pela Universidade Federal de Pernambuco – UFPE, Psicanalista, atuou como pesquisadora da Comissão Estadual da Memória e Verdade Dom Hélder Câmara (CEMVDHC), atualmente é Mestranda em Direitos Humanos pelo PPGDH/UFPE.

Endereço para acessar este CV: http://lattes.cnpq.br/3491194536089574

Julia Maria de Oliveira Campos

Mestranda em Direitos Humanos na Universidade Federal de Pernambuco (UFPE). Pós-graduanda em Especialização em Docência para a Educação Profissional e Tecnológica (IFPE). Graduanda em Pedagogia na Universidade de Pernambuco (UPE). Técnica em Biblioteconomia (ETEPAM). Atua no estudo das relações étnico-raciais e de gênero no campo de educação. Certificada em Gestão Internacional de Projetos Sociais – PMD Pro1. Atualmente é Coordenadora de Curso Técnico no eixo de Turismo, Hospitalidade e Lazer, na Escola Técnica Estadual Luiz Alves Lacerda (SEDUC/PE).

Endereço para acessar CV: http://lattes.cnpq.br/0578690664684621

www.ingramcontent.com/pod-product-compliance
Lightning Source LLC
Chambersburg PA
CBHW050325220526
45465CB00005B/2138